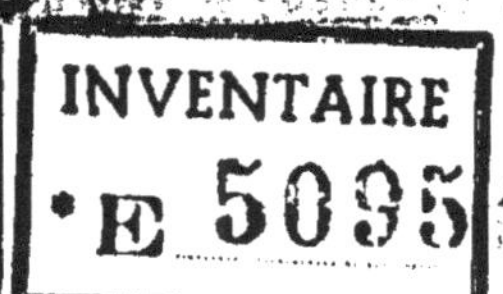
INVENTAIRE
E 5095

AF466918

PÉTITION

ADRESSÉE

A LA CHAMBRE DES DÉPUTÉS,

TENDANTE A OBTENIR UNE LOI

CONTRE LE DUEL,

PAR M. F. PONCHON.

Non occides. — S. MATTH., c. 5.

A LYON,
DE L'IMPRIM. DE DURAND, SUCC. DE BALLANCHE,
Hôtel de Malte, rue du Plat, n.° 15,
1823.

PÉTITION

ADRESSÉE

A LA CHAMBRE DES DÉPUTÉS.

MESSIEURS,

PAR quelle étrange destinée l'homme, ce roi de la création, cet être merveilleux dont le passage rapide sur cette terre a été signalé tant de fois par les découvertes les plus sublimes et les plus touchantes vertus; par quelle destinée, dis-je, l'homme ne peut-il offrir dans la longue suite des temps qu'embrasse son histoire, un seul peuple, un seul siècle, une seule génération qui n'ait nourri, sinon enfanté, au moins une erreur absurde ou monstrueuse?

Je ne chercherai point à démontrer ce fait par des exemples, l'érudition n'est que fastidieuse, son usage que du pédantisme, lorsqu'il s'agit d'un point que personne n'ignore; et personne ignore-t-il les nombreux outrages faits à la raison et à la nature, par le culte, les mœurs ou les lois des diverses nations de la terre, sans en excepter une seule ?

Heureux les peuples placés comme nous au centre de la civilisation, à une époque avancée dans la durée ! S'ils ne peuvent secouer pleinement le joug de la faiblesse humaine, et que des erreurs, par fois, troublent encore chez eux le jour pur de la vérité, instruits qu'ils sont par tous les antécédens de leur existence, ces erreurs du savoir et non de l'ignorance, du citoyen et non du barbare, du moins n'iront pas soulever contre eux l'indignation de la postérité.

Mais que vois-je ! au milieu de nos places publiques s'élève encore une idole infame qui réclame le sang des mortels ; vainement la religion, la morale, l'humanité en pleurs font entendre leurs voix suppliantes, la multitude insensée ferme l'oreille à leurs prières ou sourit de pitié ; l'honneur parle, l'honneur ! cette divinité souvent propice, trop souvent fatale, mais toujours adorée, prononce ses arrêts, et ces hommes du dix-neuvième siècle, si fiers de leurs lumières, si pleins d'eux-mêmes, si dédaigneux des antiques mœurs, tout-à-coup transformés en barbares, le glaive à la main se précipitent aux pieds du nouveau Moloch ; là le Français égorge le Français, l'ami son ami, s'il n'est égorgé par lui : et la foule d'applaudir, ou du moins de contempler froidement un spectacle aussi atroce.

L'ai-je bien observé ? ô siècle entaché d'une pareille infamie, quelle que soit ta superbe confiance en tes œuvres, et l'immense trace de gloire que tu penses laisser après ton cours ; je te prédis, moi, et j'en fais gloire aussi, car il est glorieux de détacher son nom d'un mal universel, si tu ne domptes enfin la barbare férocité des satellites du faux point d'honneur, ta célébrité un jour excitera plus de blâme que d'admiration. Oui, nos neveux se diront un jour avec étonnement : quel était donc ce siècle si vanté ? il se donne pour l'ennemi-né de toute erreur ; il prétend recomposer le sentiment même ; nul préjugé ne peut trouver grâce à ses yeux, et il incline religieusement son front devant le plus odieux de tous. Comme aux âges qu'il méprise, sous son empire, le sang d'un concitoyen, d'un ami, versé au sein de la paix, se change encore en un symbole d'honneur : cessez donc, cessez de l'offrir à nos respects. Ce dédain pour tout ce qui fut, cette ardeur regénératrice dont il a cru se faire un titre à l'immortalité, partait plutôt de sa haine contre les vertus antiques, que de son amour pour les vérités nouvelles.

Je le sais, Messieurs, ce n'est point à une déclamation de rétheur, ce n'est point à la verve satyrique du poëte qu'il serait donné de vous émouvoir, mais à la raison calme du moraliste ; cependant il ne s'agit ici de rien de moins que d'un crime, que de l'un des plus grands crimes que l'homme puisse commettre ; et ce crime, tout odieux qu'il est, règne en vainqueur sur l'opinion. La première tâche de l'écrivain qui veut en traiter, ne doit-elle donc pas être de le peindre dans toute son horreur, soit pour desciller les yeux des infortunés qui le vénèrent, soit pour autoriser les justes châtimens à réclamer contre lui.

Disons-le donc sans ménagement, le duel est une absurdité criminelle et féroce ; proclamons-le donc avec d'autant plus de force aujourd'hui, qu'à nulle autre époque, cette vérité n'eût pu être aussi profitable.

Jamais en effet le préjugé du faux point d'honneur ne fut aussi dénué de prétextes, de motifs qu'il l'est de nos jours ; jamais il ne fut plus opposé aux intérêts véritables et aux mœurs d'un siècle, et jamais les sociétés n'eurent en leur pouvoir autant de moyens de le proscrire.

Mais pour ne tenir aucun compte des circonstances où nous vivons, que j'examinerai dans la suite de cet écrit, je le demande: quel est donc le charme si puissant qui enveloppe ce préjugé séducteur ?

Un homme confie au sort sa fortune, les chances qu'il a tentées se tournent contre lui, dans son désespoir il se donne la mort; chaque jour le fait arrive, et chaque fois l'indulgence, l'amitié même, bien loin de prétendre jeter aucun éclat sur une fin aussi déplorable, s'efforce de la couvrir d'un voile mystérieux pour la dérober au mépris.

Qu'un autre, tourmenté d'une cruelle maladie, se précipite chez les morts, furieux de ne pouvoir plus jouir à son gré sur la terre des vivans, tant s'en faut encore que nulle gloire ne l'accompagne, qu'au contraire son souvenir est à jamais flétri.

Q'un autre enfin, cédant à l'excès des sentimens les plus généreux, renonce à la vie dans sa douleur de ne posséder plus un enfant, une épouse, un ami, ou quelqu'autre idole de son cœur, hélas! toujours sera-ce de la honte qui servira et qui doit servir de cortége à sa mémoire.

Or, sur quoi repose cette infamie, pour prix du plus grand sacrifice que l'homme puisse faire ? La question est facile à résoudre, sur le principe de ce sacrifice, sur l'atroce égoïsme qui l'entraîne.

La patrie chérit avant tout ses enfans, car elle n'existe que par eux, c'est d'eux seuls que lui arrive son éclat et sa durée. Si dans ses besoins imminens, si pour sa défense, parfois, elle leur impose le devoir d'affronter les dangers, c'est par les plus grands honneurs que sa tendre sollicitude reconnaît leur dévouement, et le guerrier valeureux marche sans rival devant elle. Faut-il s'étonner après cela, que le lâche citoyen, qui volontairement l'abandonne pour ses propres intérêts, quel que soit d'ailleurs le genre de ces intérêts, n'en obtienne qu'un regard de mépris et d'indignation.

Mais l'homme ne se doit pas seulement à la patrie ; si la patrie le protége, elle ne l'a point créé ; Dieu, je dis Dieu sans périphrase, Messieurs, parce que vous n'êtes pas de ces penseurs prodigieux pour qui ce mot sublime et consolant n'est qu'un objet d'effroi ou de dégoût ; Dieu, dis-je, en lui donnant l'être par un mouvement libre de sa volonté, ne lui a point accordé le droit d'en disposer ; il s'est réservé toute son existence, il s'en est réservé le commencement, le milieu, la fin, et surtout la fin, et en cela tous les dogmes religieux de la terre sont d'accord. Ah ! qu'il en était bien convaincu le poëte romain, lorsqu'à la vue des tourmens qu'endurent dans les enfers les malheureux qui, dégoûtés de la vie, en ont secoué le fardeau, il s'écrie avec attendrissement :

Quàm vellent æthere in alto
Nunc et pauperiem, et duros perferre labores !

Caton, il est vrai, le sage Caton se déchira les entrailles, sans que les sublimes théories du Phédon qu'il consultait à l'instant même, aient pu suspendre ses fureurs; mais, grâce à l'ordre préétabli, jamais un homme n'a été élevé à un tel degré de puissance morale, que son exemple puisse prescrire contre la raison et le sentiment universels.

En un mot, sous le double rapport de Dieu et de la société, qu'est-ce que le suicide ? un acte sacrilége par lequel on s'immole à soi-même une victime sacrée.

Hé bien, je ne crains pas de l'affirmer, le duel est plus impie et plus odieux encore. Ici je demande de la réflexion, et surtout un esprit exempt de préjugé.

L'infortuné qui tranche le fil de ses jours, dans l'ombre, n'ayant pour témoins que deux accusateurs Dieu et sa conscience, pour juge que l'opinion qui va flétrir sa mémoire, à coup sûr est dévoré de cruels tourmens; il ne se jette dans les bras de la mort, que parce qu'il a de graves raisons, des raisons naturelles, si j'ose ainsi dire, de la préférer à la vie; c'est l'amour de soi primitif qui parle en lui; cet amour que portent dans leur sein tous les êtres organisés, qui les conserve tous, et qui, perfectionné chez l'homme par les lumières de la morale, et mieux encore par celles de la révélation, est le principe de toutes les vertus; car la vertu n'est que le produit d'un amour de soi éclairé. On peut donc l'avancer, le suicide est dans la nature de l'être pensant, et serait excusable si la loi de Dieu, plus pure que celle de la nature, n'en faisait un crime énorme, et si le contrat passé entre le citoyen et la patrie, contrat postérieur à celui de la nature et qui par cela doit prévaloir, ne l'appelait également un crime.

Mais que peut-on alléguer de semblable en faveur du duelliste ? d'abord, quelle que soit la violence des maux dont il gémit, dans son désespoir il ne se borne pas à sacrifier sa propre vie, il sacrifie celle d'autrui. Vainement pour atténuer le crime, prétendrait-on faire valoir les chances qui restent ici contre la mort; ce serait mettre la moralité des actes de l'intelligence sous la dépendance du hasard, ce qui est au moins une absurdité; bien loin de là, il est indubitable que tout homme, qui, sans l'autorisation des lois, croise le fer avec son adversaire, dès l'instant même est coupable à la fois de suicide et d'hommicide, car de tout son pouvoir, de toute sa volonté, il s'est mis dans le cas d'être l'un et l'autre.

Ensuite, pour terminer notre parallèle, de quelle nature est le motif du malheureux qui descend en champ clos? endure-t-il dans ses membres quelques cuisantes douleurs? son ame est-elle en proie à de profonds regrets, à des regrets assez vrais, assez amers, pour raisonnablement le dégoûter de la vie? l'amour de soi primitif, enfin, peut-il servir d'excuse à sa faute? non, certes, non, l'amour-propre, la colère, la vengeance et l'orgueil, une passion éffrénée des suffrages, une crainte pusillanime du blâme des insensés qui l'entourent, voilà les élémens ordinaires de sa rage sanglante; quoi donc, pour repaître des vices se donner la mort ou la donner à autrui! mais c'est entasser crime sur crime.

Cependant, qu'ils en jugent d'une manière bien différente les fanatiques partisans du duel! c'est au contraire, parce que le bien contesté ou perdu est, pour ainsi dire, plus subtil, plus métaphysique, plus loin de la nature, qu'ils y attachent un plus grand prix, quelque méprisable qu'il soit souvent d'ailleurs, et qu'ils se persuadent que tout est légitime quand il s'agit de le recouvrer. Cette importance donnée à un objet qui n'a rien de sensible, leur paraît noble et chevaleresque, et les met en paix avec eux-mêmes. N'ont-ils pas porté la sécurité jusque là, que Laberaudière, dans son Traité du *Combat de seul à seul*, soutient ingénuement « que » tout homme digne de porter ce nom, doit » préférer l'honneur à la santé, à la vie et » *même à la patrie.* »

Mais leurs calculs insensés ne changent point la nature des choses; quelle que soit la valeur qu'on prétende donner à un objet, si cette valeur n'est pas primitivement dans l'objet, il ne pourra jamais être comparé qu'à un autre objet de valeur fictive; la vertu n'est pas de ce nombre sans doute, aussi personne jusqu'à ce jour n'a-t-il distingué ce qu'il fallait ou non lui préférer: tout doit lui être immolé, excepté la vertu même; leur honneur n'est donc pas la vertu; l'extrême valeur qu'ils lui donnent est donc une valeur d'opinion; or, à un bien d'opinion comme leur honneur, sacrifier un bien absolu comme la vie, le lui sacrifier illégalement, ce qui est lui sacrifier sa vertu, sera toujours une duperie si énorme, qu'elle est digne de la plus dédaigneuse pitié et décèle de la folie.

Parmi les châtimens que l'abbé de St-Pierre propose contre le duel, il conseille d'enfermer ceux qui s'en rendront coupables dans une maison de fous, pour un temps prolongé. En vérité, lorsqu'on y réfléchit sérieusement, il semble que cette peine serait de toutes la mieux appropriée au genre du délit.

Ce n'est pas assez faire, néanmoins, que de considérer le crime dont la répression est l'objet de nos recherches, sous le rapport seulement de ce qu'il présente d'insensé, de pitoyable; car des crimes sociaux sans exception, nul n'est plus corrupteur, nul n'a de plus graves conséquences. Sans qu'il soit nécessaire que j'en fasse ici l'énumération, l'on conviendra, je pense, que tous les crimes et tous les vices divers connus dans les sociétés, au centre de leurs moyens de séductions, pour ainsi dire, laissent toujours percer quelque chose d'analogue à leur nature, comme une certaine vapeur sombre qui donne du malaise, et inquiète du moins les ames généreuses qui en sont atteintes; le crime du duel, au contraire, conduit droit à l'honneur, et l'infamie est le partage de celui qui le brave; voilà, voilà surtout ce qui doit en inspirer l'horreur : il ravit l'honneur à la vertu, et par-là ravit la vertu à la jeunesse, selon l'expression de Caton et la vérité.

Non, certes, il n'est pas facile de déterminer les conséquences que peut avoir un pareil préjugé chez le peuple qui l'admet; l'orsqu'on a faussé de la sorte son jugement, l'orsqu'on s'est fourvoyé jusqu'à ce point dans les voies de la justice, il n'est plus de route certaine, tout est variable, tout est mobile, tout dépend de la passion régnante. « A qui n'a pas dressé sa vie en gros à certaine fin, dit Montaigne, il est impossible de diriger les actions particulières. »

Aujourd'hui nous sourions de pitié au souvenir des épreuves de l'eau et du feu, et des duels juridiques, et pourtant nous n'avons sur ces temps, à cet égard, que les avantages du crime sur l'ignorance. Cette manière de décider du bon droit, était absurde, était monstrueuse, j'en conviens, mais elle était légale; les magistrats, la religion même, dans l'impuissance d'obtenir d'avantage et pour prévenir de plus grands maux, comme le dit Gombaud, roi de Bourgogne, y présidaient; et lorsqu'on faillit avec l'approbation de pareils témoins, on le fait sans danger ou du moins sans crime. Le duel clandestin au contraire, tel que nous l'avons conservé, en opposition formelle avec toutes nos lois profanes et religieuses, façonne principalement les cœurs au mépris de Dieu, de soi, de la patrie et de l'humanité. Oui, je l'affirmerais bien, autant il est facile de concevoir un peuple fortuné et vertueux, avec la coutume des épreuves juridiques, autant il est impossible de l'imaginer tel, avec notre préjugé du faux point d'honneur universellement adopté.

En vérité, lorsque l'on considère l'énormité de l'abus et le siècle et les hommes dont il triomphe encore, l'esprit se trouble, le cœur se resserre, et l'on est forcé de convenir avec le docte ami de Montaigne, « qu'apparemment » il faut une faveur spéciale du ciel, et en- » semble une grande force et fermeté de na- » ture, pour remarquer l'erreur commune que » personne ne sent, de s'aviser de ce quoi per- » sonne ne s'avise, et se résoudre à tout autre- » ment que les autres. »

Ne le dissimulons pas, cependant, si par un effort sur soi-même, l'on parvient à étouffer la voix du bon sens et de la raison, pour ne former ses jugemens qu'à la commune manière, l'odieuse chimère du faux point d'honneur, prend un caractère presque séduisant et ressemble à quelque réalité. Quelle est son origine? la nuit des temps; son empire? l'Europe entière; ses sujets? des princes, des chevaliers fameux, des héros et des rois. Hélas! oui, depuis douze à treize cents ans, la France est en proie à la coutume barbare du duel et les plus beaux noms lui prêtèrent leur éclat.

Mais combien promptement s'évanouit tout ce prestige, lorsqu'on réfléchit que la plus grossière ignorance des idées sociales, seulement, mettait alors le glaive à la main des citoyens, et que c'est uniquement parce que la république était sans loi, que la force y tenait lieu de justice.

Dans les âges subséquens, il est vrai, frappés de la barbarie de cette coutume, les chefs de la nation établirent une tierce partie qui dut s'interposer entre les citoyens et connaître de leurs différens; dès-lors la droiture du cœur ne dépendit plus de l'habileté du poignet, et la justesse du coup-d'œil ne démontra plus la justice d'une prétention. Le duel juridique fut aboli. Cependant, proscrit par les lois, il se refugia dans les mœurs; les mœurs s'empressèrent, pour ainsi dire, de lui présenter un asile honorable. Cette époque en apparence rentre bien dans la nôtre et semblerait l'autoriser, si jamais l'antiquité d'un préjugé ou l'éclat dont il est revêtu pouvait atténuer ce qu'il a de criminel ; mais un préjugé quel qu'il soit, à plus forte raison s'il révolte la nature, peut-il sans absurdité conserver sa puissance, quand les causes qui l'ont produit cessent d'exister, quand les avantages qu'il apportait ne sont plus.

Or, comment et pourquoi le préjugé du duel se retrancha-t-il primitivement dans les mœurs malgré les efforts de la loi? la plus légère observation, unie aux moindres notions de l'histoire, le démontre jusqu'à l'évidence.

L'investigation du juste et de l'injuste confiée à des hommes de choix, élus par le prince à cet effet, en remplacement des jugemens de Dieu et des duels juridiques, était sans doute une heureuse réforme que le grand nombre des citoyens devaient accueillir avec autant d'empressement que de respect. Mais une noblesse fière et ignorante (qu'il me soit permis de n'être que sincère, malgré l'espèce de gêne qu'éprouve la délicatesse à l'être aujourd'hui sur cette matière), une telle noblesse, dis-je, ne vit pas sans peine s'élever dans l'état un ordre rival, que sa science devait illustrer ; avec des soins et de l'étude, elle eût bien pu en obtenir les emplois, préférablement à la bourgeoisie et aux ecclésiastiques d'un rang subalterne, qui s'en emparèrent à son refus ; mais les plus savans d'entre elle savaient à peine signer leur nom ; elle trouva donc plus simple de mépriser la magistrature que d'en mériter les honneurs ; et tel fut le succès de ses dédains, qu'il était reçu parmi elle, « qu'à l'exception » des fils de roi, le juge demeurait respon» sable de sa sentence, et devait recevoir le » gage de la bataille si le condamné le lui » présentait. »

L'on sent combien elle aurait cru déroger, cette noblesse, en portant sa cause devant des tribunaux qu'elle se plaisait à ravaler de la sorte. Toujours en armes pour la chasse, les tournois ou la guerre, recevait-elle un tort, une injure, son épée seule devait la venger ; les souverains, qu'on ne s'y méprenne pas, n'avaient point assez de puissance pour la contraindre ; un roi n'était alors que le premier gentilhomme de son royaume, soumis lui-même à l'usage du duel et lié souvent par une espèce de confraternité avec ses vassaux. La famille régnante elle-même, jadis, possédait des fiefs dans les seigneuries de ses sujets ; elle leur en rendait hommage, elle en acquittait les charges ; et sous Philippe-le-Bel, il existait encore en France plusieurs alleux ou seigneuries allodiales, dont les possesseurs ne relevaient que de Dieu et de leur épée. Aussi paraît-il que St-Louis, malgré sa sagesse et son génie, ne parvint à proscrire le duel que des terres de son propre domaine.

Remarquons toutefois, que si la noblesse se montrait si fort jalouse de conserver la coutume des combats singuliers, ce n'était pas seulement par mépris pour la magistrature, mais bien encore parce que cette coutume formait un de ses priviléges. Un vilain n'avait pas le droit de faire un appel, et s'il arrivait qu'il se présentât dans l'arêne pour une dame, pour un prêtre ou quelqu'autre personne, avant de l'admettre au combat, on lui conférait le caractère indispensable de chevalier.

Il me paraît donc évident que, si la coutume du duel ne doit son origine qu'à l'ignorance, elle ne s'est conservée depuis, que par une concession arrachée à la raison, à l'humanité et à la justice, par la barbarie de la puissance féodale ; par ce pouvoir si odieux pour nous, que sa plus légère apparence est une calamité et sa pensée un crime ; bien loin de la défendre avec tant d'acharnement, la première de ses origines devrait nous la rendre un objet de pitié, la seconde, si nous étions conséquent, un objet d'horreur.

Et, pour l'ajouter en passant, n'est-ce pas une preuve expérimentale de la cause secondaire que j'ai donnée au faux point d'honneur, que de ne le voir admis chez aucun peuple tant ancien que moderne, où dominait un pouvoir non contesté, soit que ce pouvoir résidât dans un homme ou dans la loi. Rome, la belliqueuse Rome, au milieu des camps même, autorisait l'officier outragé à porter sa plainte au tribun militaire, ou à son général ; mais à Rome, on le sait, la loi sacrée marchait en reine, et la toge l'emportait sur les armes. Que l'on fouille les annales d'Athènes, de Sparte et de toutes les républiques de la Grèce, que l'on passe en revue les mœurs des divers royaumes d'alors, que de-là l'on revienne aux gouvernemens absolus qui bornent l'orient de notre Europe, nulle part l'on ne trouvera l'inexorable point d'honneur qui nous asservit ; toutefois de la règle généale faut-il excepter l'Angleterre, où, certes, la loi jouit bien d'un pouvoir non contesté ; mais l'Angleterre long-temps fut en proie aux coutumes féodales, et plusieurs des plus monstrueuses même, dont celle du duel fait partie, ont échappé à la réforme, et s'élèvent encore hideusement sur ce sol régénéré, comme pour témoigner en faveur des nouvelles institutions et leur gagner l'affection des citoyens.

Ce qui est arrivé à l'Angleterre est arrivé à toutes nos monarchies fondées en général sur les débris du régime féodal; le germe du duel s'y est conservé comme dans sa terre natale; ce n'est pas que depuis long-temps nos rois n'aient eu la puissance de l'extirper; mais occupés qu'ils étaient de ravir à une noblesse ombrageuse des avantages profitables à leur sceptre, ils se seraient bien gardés d'accroître encore son mécontentement en lui disputant le droit de se faire justice avec son épée, dont elle se montrait si jalouse. C'est la raison, sans doute, pour laquelle aucune mesure sérieuse n'a été prise avec persévérence à cet égard; car les édits de St-Louis, les ordonnances de Louis XIV, faute de soutien, sont tombés, et le duel est resté debout; de-là peut-être, l'immense faveur qu'il a prise et conservée si long-temps parmi nous, car, aux yeux des hommes, triomphe est synonyme de justice et de gloire.

Mais aujourd'hui les choses ont entièrement changé de face; le duel n'est plus un privilége, il n'est pas même une coutume particulière, c'est un usage universel, adopté et par le duc et pair et par le dernier porte-faix; dès-lors, bien loin que l'on doive craindre de rencontrer trop de résistance en s'élevant contre lui, on peut affirmer qu'il n'est plus dans nos mœurs; car les mœurs de toutes les réunions d'hommes possibles, et les lois n'en triompheront jamais, seront toujours aristocratiques, en cela qu'elles tendent essentiellement à distinguer, à établir une ligne de démarcation entre les citoyens. L'opinion toutefois est ici en contradiction avec elle, mais en pareil cas ses décrets sont peu redoutables; l'opinion, que l'on y réfléchisse, cet auxiliaire puissant des intérêts sociaux réels ou de convention, autrement dit des mœurs, ne peut jamais lutter contre elles qu'infructueusement et par méprise.

Buonaparte, pour le dire en deux mots, à son apparition sur le trône, avait déjà trouvé le faux point d'honneur dans cet état de décrépitude, et Buonaparte surtout, dont la couronne ne relevait que de son épée, pouvait le combattre sans ménagement. Mais si Gelon, n'exigeant des Carthaginois vaincus par lui, que la seule promesse de ne plus immoler leurs enfans, fit, au dire de Montesquieu, le plus beau traité de paix dont ait parlé l'histoire, le naturel de Buonaparte ne pouvait le porter à rien de semblable. Certes, jamais la pensée ne lui serait venue de surmonter le moindre obstacle pour ne stipuler qu'au profit du genre humain; on ne saurait guères douter au contraire, qu'en gardant sur le duel un silence qui équivalait presque à une approbation, il ne s'estimât heureux de pouvoir jeter à ses esclaves une apparence de liberté dont la seule humanité faisait les frais; d'ailleurs sa souveraineté ne datait que d'un jour, tout ce qui paraissait en reculer l'origine lui était précieux; et peut-être en respectant une coutume qu'avaient tolérée nos rois par ménagement pour une noblesse que, certes, lui ne redoutait pas, croyait-il se donner un air de famille avec l'antique et légitime dynastie; d'ailleurs encore, Buonaparte voulait des seïdes, des forcenés au besoin, et le préjugé du faux point d'honneur en est la pépinière.

Maintenant, après avoir démontré que le duel est aussi naturellement hors de nos mœurs, qu'il était dans les mœurs du régime féodal ou des monarchies composées de ses débris; que le duel, crime toujours, du moins depuis l'institution des tribunaux, mais jadis crime brillant, n'est plus qu'un crime terne et sans éclat, considérons-le dans ses rapports avec la manière générale de sentir et de juger du siècle.

Naguères, plein de fougue et de folles espérances, le Français, comme un enfant nouvellement émancipé, de tout prétendait se faire des objets de jouissance; rien ne le gênait, qu'il ne le voulût franchir, et le bonheur dont il faisait sa chimère, n'avait de limite que celle de son imagination. Cependant ses rêves n'étaient que des rêves; il n'obtint point ce qu'il poursuivait; des calamités effroyables au contraire résultèrent de ses tentatives, et ce fut à la clarté des flammes dévorantes qu'il avait attisées en se jouant, qu'apparurent à ses yeux les monceaux de débris d'ossemens et de cadavres dont il était entouré. Cet aspect l'épouvanta et l'épouvante encore; ce n'est point qu'il veuille par horreur pour le mal, repousser le bien qui peut en être résulté, et en ceci il n'a pas tort; mais il juge enfin qu'il a bien pu se tromper, et croit moins en ses théories, au préjudice de l'expérience et de la raison. Il n'en convient pas, il rougirait d'en convenir, mais on le devine; c'est par la froideur qu'il accueille les déclamations les plus virulentes, et les déclamateurs n'obtiennent que son mépris. Ne voyons-nous pas tous les hommes funestes groupés au milieu de lui, s'agiter encore pour soulever les passions, et ne parvenir qu'à se donner une infamante célébrité; d'une autre part, que la tribune retentisse de nobles sentimens, de sages maximes, tous les suffrages sont subjugués; malgré la douloureuse indifférence du gouvernement et la rage calomnieuse de la horde pamphlétaire, des hommes de paix revêtus d'un caractère sacré, reconnu par les lois, parcourent-ils nos provinces pour réunir les citoyens, fortifier l'innocence et appeler le crime au repentir, ils triomphent de l'indifférence, de la calomnie et de la rage; tous les cœurs leurs sont ouverts, toutes les passions s'inclinent à leur aspect, et la précieuse semence, tombant sur une terre fertile, partout produit au centuple.

La position du siècle est véritablement particulière, les principes sont en présence; le vrai et le faux militent ouvertement à qui l'emportera; mais la lutte change de face à chaque jour, les rangs de l'erreur se dégarnissent et ceux du vrai se renforcent de toutes ses pertes; le vrai pourtant n'a d'autre appui que lui-même, car le pouvoir humain aussi semble l'abandonner *aux vaines disputes des hommes;* pour tout prestige, il apparaît, il s'écrie voyez : et notre âge semble commencer à voir; c'est décidément une nouvelle et libre révision des choses. Or, cette manière de reconstruire le monde intellectuel, favorable aux vérités susceptibles de démonstrations, moins favorable aux vérités de sentimens, repousse absolument tout préjugé absurde; cette observation est digne de remarque dans la question qui nous occupe.

Une autre disposition caractéristique du siècle et non moins analogue à notre objet, découle encore des gouvernemens en vogue, dont la responsabilité est la base; ici, le caractère des individus n'est plus une garantie suffisante de leur conduite, les personnages les plus éminens doivent la justifier s'ils sont interpelés de le faire, et souvent lutter contre l'opinion à la face du monde; dès-lors la gloire de la tribune doit rivaliser la gloire des armes et peut-être bientôt l'emporter sur elle. A cette marche des choses, la magistrature ne saurait manquer d'acquérir une grande considération, soit par le nombre et l'importance des affaires sur lesquelles elle aura à prononcer, soit par la naissance et les talens des sujets qui nécessairement vont tenir à honneur d'en obtenir les emplois si distingués, surtout n'y ayant plus de noms qui se suffisent à eux-mêmes, et la carrière militaire exigeant de tous dorénavant un égal noviciat. De ces diverses circonstances, que l'on y réfléchisse, il est nécessaire que, de plus en plus, l'empire de la force le cède à celui du droit, et que dans tous les cas possibles, le recours aux tribunaux soit à l'abri de l'espèce de défaveur dont parfois il est encore atteint par l'opinion; déjà, n'avons-nous pas vu, dernièrement en Angleterre, le général Dereveux mépriser les provocations du frère de Mac-Grégor et le faire citer en justice? quelle différence de cette époque à celle où un souverain de Suède, au rapport de Basnage, déclare par une loi authentique, « qu'il vaut » mieux terminer les différens par les armes » que par la raison, par les coups que par les » paroles! »

Tout le démontre, tout le fait sentir, la France essentiellement touche à un âge de repos et de raison; le crime du duel est aussi peu dans nos besoins vrais que le sont les crimes politiques, et nous ne sommes duellistes et factieux, que parce qu'il n'y a pas assez de périls à l'être; cela brise le cœur, et, à l'aspect de ce qui est, l'ami de l'humanité se demande de bonne foi, si punir l'innocence est beaucoup plus cruel que laisser se former des coupables.

Toutefois ne jugeons pas les hommes d'imagination, comme on l'a fait trop souvent. Il est injuste, il est dangereux de leur supposer toujours la connaissance de leurs véritables intérêts; je dirai plus, des penchans conformes à leur situation, à leurs goûts naturels; une puissance oculte, l'opinion, a plus d'influence pour les déterminer souvent, que leurs besoins réels; or, comme nous l'avons observé, le duel repoussé par tous les intérêts sociaux, s'est réfugié dans l'opinion, dans une opinion, il est vrai, routinière, sans consistance et sans base, qui elle-même ne tarderait pas à en faire justice; néanmoins, il faut des peines et des peines infamantes, si l'on veut dans un temps donné, sortir toute retraite à cet odieux proscrit. Lorsque effrayée la passion se taira, alors seulement l'intelligence, le sens moral parleront assez haut pour l'emporter, et sur l'opinion et sur l'habitude.

O délire! ô faiblesse du cœur humain! que prétendent-ils ces insensés! leurs yeux étincellent de fureur, leur bouche écume de rage: peines infamantes, s'écrient-ils; quoi donc, faudra-t-il se trouver placé entre l'infamie imposée par la loi et l'infamie déversée par l'opinion? quel refuge laissez-vous à l'homme d'honneur outragé? quel refuge? sa conscience pour braver l'opinion, et les tribunaux pour réparer l'outrage; malheureux, bien loin de la maudire, bénissez-la, bénissez-la plutôt cette loi qui vous contraint d'être d'accord avec la plus noble partie de vous-même : quoi! pour une frivole injure vous voulez qu'il vous soit permis de renoncer à la vie ou de vous souiller du sang d'autrui. Hé! ne savez-vous pas que vous allez commettre le plus grand des crimes devant la face du Dieu, entre les mains duquel votre témérité va peut-être vous précipiter brusquement? cette seule idée ne devrait-elle pas suffire pour maîtriser le courroux de tout être raisonnable? Le maréchal de la Force le pensait du moins : au sortir d'un discours sur le duel, par M. Le Faucheur, il protesta, et devant plusieurs braves, ajoute Bayle, que s'il recevait un appel il n'y répondrait point; et d'ailleurs le sang de ce concitoyen, peut-être de cet ami, qu'atrocement vous allez verser pour vos intérêts particuliers, pour votre unique et seule cause, ce sang ne pourrait-il point crier éternellement vengeance au dedans de vous, et tourmenter votre vie entière? Mais supposons que ces motifs vous touchent peu, votre père, ce vieillard accablé d'ans, cette mère tendre et vénérable, cette épouse infortunée, enfin ces innocentes créatures, vos enfans, de quel droit les plongez-vous volontairement dans le deuil, et peut-être dans la misère? Le pacte sacré de soins, de protection et d'amour qui vous unit à eux, quelle main puissante l'a rompu? quel pouvoir surnaturel l'a dissout? Partagent-ils la honteuse fureur qui vous transporte, pour trouver un dédommagement à votre perte, dans la possibilité de la vengeance criminelle que vous aurez poursuivie? Quoi, votre regard ne s'adoucit pas! vous parlez encore d'honneur, il vous faut du sang! hé bien, versez-en donc, troupe forcenée et sans courage, qui pâlissez devant un indigne préjugé; d'autres, plus généreux, le braveront sans effort, et malgré votre ridicule orgueil et vos sots dédains, autant l'homme est au-dessus de la brute, autant ils s'estimeront être placés en avant de vous.

Mais, hélas, il faut bien le dire, la plupart des hommes n'ont pas des rapports assez intimes avec la vertu, ne sont point assez épris de ses charmes divins, pour se déterminer franchement à combattre avec elle, lorsqu'elle est en butte à l'opinion; au moindre choc ils tremblent, ils hésitent, et bientôt désertent ses étendards, pour se jeter sous les drapeaux de son ennemie. Oserai-je l'avancer même? ils sentent ce qui leur manque ici pour supporter d'être rapprochés tout-à-coup de tant d'élévation d'ame ; ils craignent l'incohérence d'une telle action avec le reste de leur vie, et que ne pouvant leur supposer de l'héroïsme, on ne les taxe de lâcheté. Voilà, on n'en saurait douter, le principe de l'inconséquence du siècle ; il désavoue intérieurement la coutume du duel ; ses mœurs, ses institutions, la repoussent hautement, mais il ne se juge pas digne de lui porter les premiers coups : il voudrait bien être affranchi de son joug de fer, néanmoins, tout en applaudissant au fond de son cœur à la loi bienfaisante qui l'en délivrera, il croira dans les convenances de déclamer tout haut contre elle.

Législateurs, ne vous effrayez donc pas de ces apparentes récriminations; pour abandonner le sanglant point d'honneur, nos concitoyens, les hommes du siècle, ne demandent réellement qu'un prétexte, qu'à y être contraints par un autre devoir que le devoir moral ; la liberté, l'indépendance n'est plus leur fait ici; ô méprise déplorable ! ils veulent être conduits en esclaves ! Mais surtout que vos lois toujours actives, toujours surveillantes, ne restent jamais engourdies au fond du sanctuaire de la justice, comme on l'a vu trop souvent ; car dans cet état alternatif d'action et de repos, de sommeil et de veille, la loi la plus équitable, impuissante pour le bien, n'est qu'une loi barbare.

Maintenant conviendrait-il d'examiner si le duel n'est point un principe de bravoure dans les camps, comme on l'a prétendu; mais en vérité cétte opinion est si étrange, si évidemment erronée, qu'on ne peut lui supposer la plus légère faveur. Quoi donc, apprendre à braver la mort par vengeance est-ce apprendre à l'affronter par devoir? et encourager au mépris des lois de Dieu et de la nature, est-ce façonner à la subordination, sans laquelle il n'y a point de valeur profitable? « Les plus timides » à l'égard de la loi, dit Plutarque, sont les plus » courageux contre les ennemis, et ceux-là crai- » gnent le moins de mourir, qui craignent le » plus d'être blamés. » Mais vous voulez que vos soldats se forment à verser du sang, à être impitoyables, que ne leur réservez-vous alors le ministère des hautes-œuvres? Bref, ces diverses républiques antiques, dont avec raison nous admirons la vaillance, favorisaient-elles le duel? tant s'en faut: leur histoire n'en offre pas un seul exemple; et Lycurgue, entre autres, jugeait si peu que les combats particuliers fussent favorables à l'esprit des camps, qu'il défendait toute espèce d'escrime comme portant atteinte à la valeur ; cependant, le soldat alors avait besoin d'une plus grande habitude de carnage, de plus de férocité que de nos jours, car les lois de la guerre étaient bien autrement cruelles, et qu'au défaut du secours formidable de la poudre, il était le plus souvent obligé de combattre corps à corps, de plonger le glaive dans le sein de son ennemi, et de se couvrir de son sang. Ceci me semble péremptoire.

J'en conviendrai cependant, si l'on met de côté la loi générale, j'entends celle de Dieu et de l'humanité, l'on pourra bien, chacun selon sa passion, ses penchans et même ses caprices, faire des objections plus ou moins spécieuses en faveur de l'abus contre lequel je m'élève; mais y a-t-il des objections qui puissent prévaloir sur la règle universelle, sans les plus graves conséquences.

L'on connaît le trait de cet habile peintre de la Grèce, qui, fatigué des conseils indiscrets que lui donnaient à l'envi ses concitoyens sur ses chefs-d'œuvre, pour toute réponse composa un tableau d'après l'avis de chacun, et ne fit qu'une monstruosité. Ceci doit servir d'exemple au législateur, aussi bien qu'au poëte et à l'artiste.

En un mot, le préjugé du faux point d'honneur, est odieux, barbare et impie, tout le monde est forcé d'en convenir; il est inutile à la valeur des camps; nos mœurs, nos institutions essentiellement le repoussent; nos idées les plus chères, notre passion dominante pour ainsi dire, tendent, vu sa double origine, à nous en inspirer le mépris et l'horreur; il ne tient à nous, nous ne tenons à lui que par une méprise éphémère de l'opinion; toute la difficulté consiste donc à trouver les moyens d'enhardir les Français à combattre cette chimère si redoutée quoiqu'expirante.

Qui voudra y réfléchir comprendra que la faveur dont jouit encore la coutume du duel, tient peut-être moins à son attrait propre, qu'au funeste avilissement où est tombé le bien dont elle exige le sacrifice. Hélas oui! dans ce siècle éclairé, dont les idées seraient grandes et justes, si les cœurs n'étaient pas si fort corrompus, le mépris de la vie, bien plus que la passion ridicule d'en défendre les menus intérêts, est le principe de la facilité avec laquelle nous en disposons. Un des points importans serait donc de rendre à l'homme ce respect, cette sainte vénération qu'il doit avoir pour son existence; mais cette amélioration est d'une urgence si universellement nécessaire, qu'on ne peut, sans une espèce d'ingénuité absurde, en faire l'objet d'un cas particulier; il la faut, cette réforme, parce qu'il la faut, parce que sans elle les sociétés s'acheminent à leur ruine; je me bornerai donc à l'indiquer et à l'appeler par mes vœux.

Hobbes, et après lui Puffendorf, pensaient qu'il serait convenable de faire jurer tous les gentilshommes ou ceux qui veulent passer pour tels, de ne point porter ni accepter de défi; cette idée simple parle au cœur et à la raison, et sans doute eût été d'un grand secours en certains lieux, et notamment chez ce peuple fougueux, qui, retiré séditieusement sur le mont Aventin, rentra paisiblement dans ses foyers, dès qu'on lui eut fait remarquer que sa démarche était contraire à ses sermens; mais les Dieux créés du Capitole étaient plus vénérés à Rome, que nous ne vénérons le Dieu créateur du ciel et de la terre; d'ailleurs, cette parole sacrée, il faudrait donc l'exiger de toute la nation, car toute la nation se pique de noblesse, du moins dans l'usage de faire des appels. Non, je ne saurais penser qu'aujourd'hui, il convienne de livrer un nouveau serment à la légèreté des cœurs, et par là de l'exposer à une profanation devenue vulgaire. Pour nous, Messieurs, qui, grace au ciel, trouvons dans nos consciences des germes certains de probité et de foi, et qui ne sommes pas contraints de faire tout le siècle vertueux pour nous sauver au travers de la foule, répétons le sans hésiter, on ne peut trop le redire : dans l'état actuel de la société, ce n'est point à l'honneur véritable qu'il est réservé de commencer l'attaque du faux honneur ; que les châtimens, que l'infamie le flétrissent d'abord, alors seulement, dans la frayeur qu'inspirera la loi, dans le silence de la passion, peut-être la vertu pourra faire entendre ses touchantes lamentations ; mais cherchons à nous assurer la victoire sans le secours incertain et éloigné de cette noble fille des cieux.

Recourir à la séduction des récompenses ainsi que l'a tenté Louis XIV et que le conseille l'Abbé de St-Pierre, me paraît également peu praticable. Dans une civilisation naissante, ou du moins non accomplie, l'on conçoit la possibilité de disposer de l'amour et de la haine des citoyens, avec de pareils moyens mis habilement en œuvre ; mais chez un peuple suranné, toutes les places du cœur sont prises, sont fixées pour ainsi dire ; il n'y a plus de sentimens à insinuer ; il ne faut donc pas se flatter d'en obtenir une soumission joyeuse et volontaire ; les hochets encouragent l'innocence, ce n'est qu'aux châtimens de retenir la corruption. Du reste, je demande combien il faudrait de temps avant qu'un homme de sens et de goût, je ne crains pas d'employer cette expression, pût se décider à jouir de la moindre prérogative, à étaler la plus légère distinction, pour avoir méprisé un appel, pour cet acte de dévouement à la vertu; je demanderai même, combien il n'est pas de gens d'honneur qu'intimideraient les conséquences possibles de ces frivoles avantages sur la pensée d'autrui.

Ne nous arrêtons pas plus aux moyens qui répugnent qu'à ceux qui révoltent ; la mort me semble devoir être rangée parmi ces derniers.

Quelque énorme que soit un crime, s'il peut produire en sa faveur une espèce de sanction d'âges nombreux, si jadis il fut presque une vertu et que l'opinion l'autorise encore, l'humanité, la justice même, exigent qu'avant de le punir comme crime on le signale distinctement comme tel, et que les premières peines décernées contre lui soient autant des admonitions que des châtimens. C'est d'ailleurs le plus sûr moyen d'obtenir des juges une rigoureuse application de la loi.

Je proposerai donc de suppléer le dernier supplice pour le crime d'appel, fait ou accepté, par l'interdiction pendant cinq ans de tous les droits de citoyens; j'ajouterai que le nom du coupable serait gravé, par la main du bourreau, pour un an et un jour, sur une colonne appelée *le poteau des duellistes*, élevé sur la place d'exécution de chaque ville; le terme expiré, pour ne point laisser de flétrissure, ce même nom serait effacé par le Procureur du Roi, ou du moins serait sensé l'être par lui; mais si l'un des combattans demeurait sur la place, le nom du survivant resterait gravé indéfiniment, et ne serait effacé que par la main du temps, parce qu'il n'est pas au pouvoir de l'homme d'absoudre l'homme du meurtre de son semblable.

Sans aucun doute, le duelliste qui succombe n'est pas moins coupable que celui qui triomphe; cependant je voudrais que la mémoire du premier fût exempte de toute poursuite et à l'abri de toute infamie; afin que ses parens, ses amis, pleinement intéressés à l'application de la loi, fissent cause commune avec elle; car la loi ne sera jamais trop clairvoyante. Cette indulgence utile paraîtra juste même, si l'on observe que, d'une part, l'homme qui paye sa faute de la vie, peut être considéré comme en étant libéré, et que, de l'autre, ceux qui lui sont attachés par les liens du sang ou de l'amitié ont assez de pleurer sa mort, sans les contraindre encore de pleurer son déshonneur.

Cette exception ne saurait diminuer l'horreur que doit inspirer le suicide, ni porter atteinte au droit de le punir; car la mort n'est pas la fin que se propose le duelliste, il la redoute bien loin de là : son crime n'est donc pas de mourir, mais de s'être exposé à mourir. L'homme qui se suicide, au contraire, n'a en vue que la mort; c'est la mort, la mort seule qu'il cherche, qu'il appelle; en la trouvant, ses coupables vœux sont couronnés; son crime, à lui, est donc bien de mourir. En un mot, l'on pardonne au duelliste mort, parce que les moyens criminels qu'il a employés pour se venger, ont tourné contre lui, et l'on poursuit le suicide quoique mort, parce que les moyens criminels auxquels il a recouru, l'ont mis en possession du bien déplorable qu'il ambitionnait.

Dans le cas cependant où les deux parties demeureraient sur le champ de bataille, comme ce résultat décèle une fureur plus odieuse et se rapproche davantage du suicide, que d'ailleurs il ne reste plus dans la société de sujet à poursuivre, et par là, de personnes à mettre dans les intérêts de la justice, les deux noms seraient inscrits sur le poteau fatal, mais effacés par le Procureur du Roi, parce qu'il n'est point de moyens pour les morts de réhabiliter leur mémoire.

Tout privilége peut être considéré comme une récompense pour la vertu particulière, et un encouragement pour la vertu publique; l'homme qui le possède et qui faillit, est donc à la fois plus coupable et d'un exemple plus dangereux, il mérite donc un surcroît de peine; le plus naturel et le plus juste est de lui enlever son privilége, puisqu'il ne sera châtié que selon son importance, et par cela, selon celle de sa faute. Ainsi je demanderais que le crime d'appel, fait ou accepté, emportât de droit la perte des titres, des emplois, des décorations et des grades, sans exception aucune, depuis le prince du sang jusqu'au dernier garde-champêtre; il ne faut pas douter que si le coup venait à porter sur certaines têtes, on entendît répéter en accens plaintifs ou même furieux: Hé quoi! ravir ainsi un brave à la patrie..... flétrir notre gloire nationale..... déssécher nos lauriers..... et mille autre déclamations semblables. Mais quand on songe à l'immense quantité existante de comtes, de barons, de chevaliers d'ordres divers, d'employés, de salariés de toute espèce, et qui tous, à la vie et à la mort, tiennent à leurs hochets ou à leurs traitemens, on demeure convaincu qu'avant dix ans, le remède rigoureusement appliqué, triompherait du mal. Lorsque les Princes, les courtisans, les officiers supérieurs ne se battront plus en duel, tenez pour certain que nulle classe ne voulant déroger, bientot le faux point d'honneur ne sera pas même digne des laquais.

Je ne pense pas qu'on puisse à ce sujet, même avec les intentions les plus libérales, assimiler le soldat à ses chefs ou aux autres salariés du gouvernement, car la perte de son état très-souvent serait pour lui un avantage et non un châtiment; cependant le soldat surtout a besoin d'être dirigé à cet égard, parce qu'il ne raisonne pas, que ses opinions, ses mœurs stationnaires, sont peu modifiées par celles du siècle, et qu'étant toujours en armes, trop naturellement la force est sa justice. C'est pour cela sans doute, que, se trouvant en Sicile, Pompée scellait de son cachet l'épée de chaque soldat qu'il laissait sortir du camp. Je croirais donc, qu'à l'égard des simples militaires, le crime d'appel, fait ou accepté, devrait être puni par six mois de prison; mais le lieu où ils subiraient leur sentance serait réservé à ce seul genre de coupable, de peur que la corruption ne se joignît au châtiment, et que le juste mépris que conçoivent habituellement les citoyens pour les misérables qui peuplent les demeures du crime, ne vinssent, par contagion, à rejaillir sur les malheureux retenus dans le séjour de la bravoure égarée.

Je borne à six mois la détention et l'exempte de toute infamie, parce qu'il me semblerait convenable, qu'après l'avoir subie, le soldat fût contraint de rentrer dans son corps sous la protection, toute fois très-spéciale, de son colonel, afin de servir d'exemple, par la retenue que nécessairement lui imposerait le souvenir du châtiment enduré, et plus encore l'appréhension du dernier supplice qui l'attendrait en cas de rechute, car le coupable alors ne peut plus s'autoriser de son ignorance, ses yeux doivent être dessillés, la loi assez vertement l'a repris. Oui, je penserais qu'à la seconde faute, la mort ou la prison perpétuelle devrait être infligée non-seulement au soldat, mais à tout citoyen. La mort, si la partie adverse en était atteinte, et la prison perpétuelle dans l'autre hypothèse ; la mort, toutefois, serait donnée par les armes. Pour un crime que l'inconséquence de l'opinion ne frappe point d'infamie, c'est assez de la peine capitale, ce serait trop d'y joindre le déshonneur et un déshonneur indélébile.

Les vices simples, si j'ose ainsi m'exprimer, sont tous en principe dans le cœur de l'homme ; personne, hélas, n'est doué d'un penchant si fort à la vertu, qu'il ne conçoive cette triste vérité, pour être la proie de ces vices, l'être composé de deux natures si diverses, l'une toute terrestre, l'autre toute divine, n'a besoin que de se consulter soi-même, et de se décider, pour ses appétits, au préjudice de ses sentimens; il serait donc injuste ici de chercher à établir aucune solidarité entre les citoyens. Mais il n'en est pas ainsi de certains vices composés, de ces vices que peuvent enfanter les sociétés; par exemple, pour un mot, un geste, un regard, pour un outrage éphémère, jamais l'homme, livré à lui-même, ne consentirait à tremper ses mains dans le sang de son semblable, ou à lui donner sa propre vie; c'est la manière dont il suppose que les autres hommes jugeront de lui, c'est leur blâme ou leurs louanges qui dénaturent de la sorte ses penchans, et qui d'un être pitoyable et doué de raison, en font à la fois un barbare et un insensé.

Si cette observation est fondée comme je le pense, il me semble qu'un moyen, non moins efficace que légitime, de prévenir les combats singuliers, serait d'en atteindre les instigateurs. Les femmes, les femmes, peut-être plus encore que les hommes, car il faut être vrai, avant d'être ce qu'on appelle galant, d'ailleurs mon témoignage ici ne peut guère offenser que celles envers qui la politesse même est une concession et non point un devoir, les femmes devraient être placées sous le pouvoir de la loi. L'on ne peut disconvenir que par leurs propos, leurs dédains, leurs égards et toutes leurs manières, elles n'entretiennent le préjugé du faux point d'honneur; ce n'est pas ouvertement qu'elles excitent au duel, mais elles ne font rien ou ne font point assez pour l'empêcher; elles le protègent au contraire de toute la puissance de leurs charmes, et telle est l'évidence de cet assentiment tacite, que le plus simple de leurs adorateurs sent très-bien, sans en avoir jamais obtenu l'aveu positif, qu'un coup d'épée donné ou reçu, est à leurs yeux un titre de préférence, bien loin d'être un motif d'exclusion.

Avec le besoin que manifeste le siècle de

tout voiler, de tout pallier, comme s'il n'y avait plus sur la terre que de la corruption, et que l'empire du vice fût consacré désormais, je ne doute pas que ses coryphées révoltés de cette assertion, ne m'accusent ici d'avoir vu mauvaise compagnie, et de raconter les mœurs des bouges plutôt que celles des salons; c'est là leur langage dès qu'il s'agit de la plus légère critique.

Mais vous, Messieurs, vous le savez assez, trois classes de femmes se partagent la société; la première, n'ayant d'influence que pour le bien, est au-dessus de la critique; la dernière n'en n'ayant que pour le mal, est au-dessous; ce n'est donc point de celles-ci que j'entends parler; mais il en est d'autres, celles de la classe intermédiaire, qui, formées à l'école des bienséances et du goût, ne laissent pourtant pas que d'être placées bien par-delà les bornes du rigide honneur; rassasiées d'amour, ou du moins l'amour ne leur suffisant plus, il leur faut avec lui de l'agitation, de la renommée, du scandale et tout ce qui en procure sans avilissement et surtout sans ridicule, leur paraît digne d'être recherché : de-là le penchant des femmes qu'on appelle à la mode, de celles devant qui rampe pour ainsi dire l'opinion superbe, à entretenir, à relever la funeste coutume du duel, source féconde des tristes avantages qu'elles ambitionnent.

Mais comment les atteindre, comment s'assurer que telle personne a, par son influence, donné lieu à telle affaire d'honneur, ou n'a point assez fait pour la prévenir; le cas est délicat sans doute, et sera difficilement dépouillé de ce qu'il présente de vague; le châtiment à infliger doit donc avoir quelque chose de ce caractère. A Rome, celui qui contrevenait à la loi Valérienne, pour toute peine était réputé méchant, moins grave encore serait ici la punition. Je demanderais que dans le jugement qui suivrait la procédure d'un duel, l'on rappelât simplement le nom du maître ou de la maîtresse, soit de la maison, soit de la loge de spectacle où se serait fait l'appel.

Cette peine n'atteindrait sans doute qu'un bien petit nombre de coupables, et n'en serait véritablement une que pour les personnes qu'aurait déjà signalées l'opinion; néanmoins, il est à présumer qu'à la faveur de cette peine possible, les femmes qui se respectent un peu, modifieraient leur langage et leur conduite. Qu'une querelle vint à s'élever dans leurs salons, ce ne serait plus par de feintes instances qu'elles chercheraient à en arrêter les progrès, mais de tout leur pouvoir, et par une conséquence naturelle, bien loin de tirer une sotte vanité, d'obtenir les assiduités de ces hommes connus par quelque éclat en matière d'honneur, elles les éviteraient, elles les excluraient de leurs sociétés, et bientôt toutes les maisons honnêtes leur seraient fermées.

Je sens combien cette proposition est éloignée de nos mœurs, mais s'il n'y avait que cela à dire contre elle, il ne faudrait point en conclure qu'elle est dénuée de tout fondement et de toute justice.

Convient-il de punir les témoins ? je ne saurais le croire, ce serait donner lieu à des assassinats, car ne veuillons pas supposer que parmi les duellistes plusieurs ne se transformassent en assassins, s'ils pouvaient s'assurer de l'impunité.

Mais enfin, puisque la loi prétend suspendre absolument l'action immédiate des citoyens les uns envers les autres, pour fait d'injure, elle doit non moins, pour obtenir plus de respect, de confiance et de soumission, que par justice, travailler autant qu'il est en elle, à régler ces sortes de différens.

La première chose à faire est de déterminer

le tribunal qui en connaîtrait; un conseil ou un jury d'honneur leur serait-il exclusivement consacré? L'on ne peut disconvenir que ces formes ne flatassent l'imagination; elles ont quelque chose de noble, de chevaleresque, qui semble en rapport avec leur objet. Mais, s'il m'est permis d'émettre franchement mon opinion, il ne s'agit pas de flatter, d'ennoblir cette fougueuse susceptibilité que nous cherchons à détruire, il faut la mater, l'humilier au contraire. Hé! pourquoi la traiter avec tant de ménagement? si son motif est quelquefois honorable, le plus souvent, aujourd'hui surtout où chacun s'avise d'être susceptible, il dépend d'une cause que l'honneur ne peut avouer. Ne sont-ce pas les maisons de jeu, les coulisses, l'ivresse, les excès en tout genre, qui sont les sources ordinaires de ces sanglantes querelles? Et vous voulez un conseil d'honneur, ou des tribunaux quelconques d'exception; certes, je ne saurais le penser. Sur mille affaires dix à peine mériteraient cette faveur; ne pourrait-il pas arriver même que l'espérance de comparaître pardevant une pareille juridiction, ne fût un appât dangereux pour la vanité de beaucoup? combien en est-il qui n'auraient que cela d'honorable à citer dans toute leur vie.

Qu'ils en appellent donc simplement à la police correctionnelle, ceux qui prétendraient réclamer pour fait d'injure ; tout tribunal est noble quand on s'y présente avec le bon droit, et celui-ci du moins n'exciterait, par aucun prestige, la sotte envie de devenir l'objet de ses sentences. Mais peut-être, dira-t-on, qu'à moins d'une grave insulte, difficilement un homme honnête se résoudrait à mettre en œuvre de pareils moyens ; cela se peut, et l'on doit le désirer. Oui, certes, la loi serait très-bonne qui, insensiblement, façonnerait les citoyens à penser que le véritable honneur n'est point à la portée des traits du méchant ; et qu'il est grand, qu'il est généreux, qu'il est du devoir de mépriser l'outrage. Hé! pourquoi, cette pensée du devoir, la négligerions-nous? a-t-elle perdu de sa puissance et de sa noblesse, parce que la loi sublime, la loi divine des chrétiens, l'a revêtue de sa sanction sacrée? hé bien, tenons-nous-en à l'antiquité profane. Platon affirmait qu'on ne devait tirer aucune vengeance de l'injure ; Zenon, Epicure exigeaient que leur sage la méprisât ; une des prières les plus fréquentes des Spartiates, était pour obtenir des Dieux la force de la dédaigner ; et les Athéniens jugèrent-ils que

4

Thémistocle faillit à l'honneur, lorsqu'il ne repoussa l'outrage d'Eurybiade que par ce mot sublime : *frappe, mais écoute*. Mais que dis-je; ce n'est pas seulement l'honneur, le devoir qui commandent ce magnanime oubli de soi-même, cette noble indulgence pour autrui, c'est encore l'intérêt même de la société; rien n'est plus opposé au charme qu'on a droit d'en attendre, au plaisir qu'on y cherche, que cette morgue brutale dont l'habitude de sacrifier au faux point d'honneur, empreint les manières; que cette vanité inexorable qui tient compte du plus léger manquement; aussi Telecrus, interrogé par son frère, sur les motifs de la préférence que lui montraient leurs citoyens, n'hésite pas à lui répondre : « C'est que mieux » que toi, je sais supporter un outrage. »

D'après ces considérations, le tribunal de la police correctionnelle paraît donc propre à statuer sur les différens en matière d'injure; mais ne faudrait-il point, par une nouvelle classification en distinguer les diverses espèces, celle du geste, celle du regard, celle du sourire, et mille autres que la subtilité de l'amour-propre sait très-bien apprécier? je ne saurais le penser; les lois existantes suffisent au bon sens et à la raison; qui voudrait enchérir sur elles, tomberait bientôt dans les bizarreries de *la Sienza Cavalleresca* des Italiens, qui, abusant des règles de la dialectique, recourait aux prédicamens des philosophes pour juger des offenses, et y distinguait *la qualité*, *la quantité*, *la relaction*, *l'action*, *la passion*, *la situation*, *le mouvement et le lieu*, *etc*. L'ambition de l'amour-propre est plus insatiable encore que celle de l'avarice, chimérique est donc le désir de la satisfaire.

Cependant le juste dédain que doivent inspirer les prétentions ridicules d'une vaine susceptibilité, ne saurait rejaillir sur la réparation légitime à laquelle a droit de prétendre l'homme d'honneur gravement outragé; il faut donc la lui faire obtenir avec le moins de sacrifices possibles. Celui qui sera toujours le plus redouté, dans la comparution devant les tribunaux, pour fait d'injure, où le but unique des parties est réciproquement de faire triompher leur amour-propre en humiliant celui de leur rival, c'est de voir son nom, sa jeunesse, sa vie entière, dont le repentir ou le secret plus souvent, hélas, qu'une parfaite vertu, était la sauvegarde, en butte aux traits malins de son ennemi et livrés par lui à l'opinion, nus, pour ainsi dire, et dépouillés de ce voile mystérieux, que ne saurait dédaigner le plus sage. Sans doute on n'ira pas, à la face de la loi, se livrer à ces emportemens qu'elle taxe de calomnie et punit comme telle; mais combien un esprit exercé, un homme dont l'emploi unique est de combattre avec la parole, ne trouvera-t-il pas de moyens divers, pour verser impunément le fiel, et lancer le ridicule; un mot, une réticence, un sourire, et voilà le trait à son but. Qu'on ne dise pas, que le véritable homme de bien est à l'abri de son atteinte, il peut la mépriser sans doute, mais je soutiens que c'est particulièrement sur lui qu'il est dirigé avec succès; car le ridicule est surtout l'auxiliaire du vice et de la corruption; de la sorte, il pourrait donc se faire que, dans la crainte du scandale possible de la plaidoirie, une ame délicate dévorât en secret un sanglant outrage, et par là s'en attirât d'autres, ou que, se retirant de la présence de ses juges toute meurtrie des coups que lui aurait portés son adversaire, elle eût même à déplorer son triomphe.

Ne serait-ce point prévenir une partie de ces inconvéniens, que de défendre toute intervention des avocats, dans les différens au sujet d'injure? Il ne s'agit pas là de science, ni de talent; une injure a été proférée, des témoins l'ont recueillie; au contraire, nul témoin n'en peut déposer: dans la première hypothèse, la culpabilité est évidente, dans la seconde, toutes les subtilités de l'éloquence ne la sauraient prouver contre la dénégation du délinquant.

Je sais fort bien que très-souvent il y a une certaine progression dans l'offense qui complique la question; elle s'est élevée, pour ainsi dire, si graduellement de part et d'autre, qu'on ne peut déterminer à qui est resté le tort; résulte-t-il de là, toutefois, qu'il faille des avocats pour éclaircir l'affaire ? non, mais que de pareils démêlés ne sont point du ressort des tribunaux, et que l'honneur, ou du moins la prudence, consiste à ne point entamer une procédure avec des droits aussi douteux.

Je sens très-bien, toutefois, qu'en interdisant le recours aux avocats pour donner plus de simplicité et de laconisme à la plaidoirie, on expose les parties à toute l'inégalité de leur esprit, de leurs talens réciproques. Cependant je persiste à croire que la réforme apporterait plus d'avantages qu'elle n'entraînerait d'abus, et que du moins elle mérite d'être examinée.

Un point bien capital reste à déterminer, que dans la chaleur de la discussion, que par mégarde, ou même volontairement, un homme vienne à en offenser un autre, que celui-ci, justement irrité, lui présente un cartel, quel parti prendra le premier? le plus naturel, sans doute, est de réparer son tort par un franc et loyal retour; mais que l'offensé le repousse et persiste dans ses violences, les supportera-t-il avec résignation, en refusant opiniâtrément le combat? en vérité, on ne saurait le prétendre, ce serait exiger au-dessus des forces humaines, et compromettre la vertu, en lui donnant tous les dehors de la bassesse. Pour mettre fin aux sarcasmes et aux poursuites de cet ennemi implacable, ira-t-il donc froidement le dénoncer aux tribunaux, et appeler par là toute la rigueur de la loi sur la tête d'un homme dont il a causé le crime? non, certes, ce procédé serait odieux, et jamais l'opinion ne le ratifierait; il pourrait même résulter de là, qu'une ame vile, qu'un lâche, cherchât à pousser à bout son ennemi, afin de pouvoir dénoncer l'appel qu'il en aurait reçu, certain que, même en subissant la peine de son agression, le surcroît de châtiment qui pèserait sur l'objet de sa haine perfide, serait encore pour lui une vengeance grave.

La simple dénonciation de l'appel sans acte préalable, serait donc à la fois contraire à l'humanité, à la délicatesse et à la sûreté des citoyens, c'est-à-dire qu'elle ne saurait exister.

Qu'on n'imagine pas cependant, qu'il importe peu de prévenir les défis si l'on parvient à prévenir les combats qui en sont la suite; un des moyens les plus puissans de conjurer la coutume du duel, c'est d'en rendre périlleuse la simple proposition, car il est presque au-dessus de la profane vertu du siècle, de refuser un cartel franchement présenté; or, pour la rendre périlleuse, il faut rendre le droit de la dénoncer, possible, facile, sans déshonneur et sans danger.

Je sais fort bien que ces points de vue divers tendent à compliquer la loi et pourraient la compliquer à l'infini si l'on voulait les embrasser tous, mais ceux-ci me semblent d'une importance à commander l'exception; d'ailleurs, il faut observer que le texte d'une loi peut être très-bref et très-simple, quoiqu'il ait fallu de nombreux argumens pour en démontrer l'avantage et éclairer toutes les parties. Une loi est, proprement dit, un problême résolu, dont la solution est souvent aussi succincte que la démonstration a entraîné de longueur. D'ailleurs, pour détruire une coutume invétérée comme celle du duel, chez des hommes fiers et susceptibles comme les Français, il ne s'agit point d'un moyen absolu, mais de la réunion de plusieurs moyens, dont le mélange favorable offre à la fois un frein et un dédommagement à la passion; certains détails sont donc ici de rigueur.

Alors, pour familiariser les citoyens avec l'usage important de dénoncer l'appel, pour faire disparaître ce qu'il aurait de cruel et de dangereux, ne conviendrait-il pas de recourir préalablement à la médiation de la justice de paix, c'est-à-dire, que nul ne fût admis à porter plainte d'un défi reçu, sans avoir assigné son adversaire à ce tribunal, pour en obtenir une rétractation authentique, qui purgerait et le déshonneur du refus et le crime de l'appel? De la sorte, ceux qui voudraient bien l'être seulement seraient atteints par la loi, aucune pitié ne leur serait due, comme aucun blâme ne pourrait peser sur ceux qui les livreraient aux tribunaux, car la clémence a des bornes, et il est contre tous les sentimens naturels de sacrifier son repos, sa réputation à un ennemi acharné.

Mais, dira-t-on, ces rétractations se feraient sans conséquence, et l'instant d'après, un spadassin furieux pourrait recommencer ses outrages; semblable à cet impertinent, dont les annales de Rome ont conservé l'histoire, qui donnait des soufflets à tous ceux qui se trouvaient sur son chemin, et réparait aussitôt cette injure en leur présentant les vingt-cinq sols auxquels le condamnait la loi des douze tables. Non, certes, il n'en serait pas ainsi, car dans ce cas, la rétractation deviendrait nulle, et la partie plaignante aurait la faculté de s'adresser immédiatement aux tribunaux qui appliqueraient le châtiment de l'appel dans toute sa rigueur.

Mais comment ces brillans meurtriers qui se pavanent avec insolence au milieu de nos villes, et dont le vulgaire des salons, des boudoirs, non moins que des places publiques, admire, contemple les belles manières et recherche le commerce, comment, dis-je, ces hommes superbes consentiront-ils jamais à descendre jusqu'au modeste tribunal de la justice de paix? Hé! ces hommes, tout importans qu'il pensent être, nous intéressent peu; il suffit que la loi soit favorable aux cœurs de bonne volonté; quant aux autres, il suffit qu'elle soit assez forte, assez bien soutenue, pour les forcer de plier ou de rompre.

L'on ne peut s'empêcher de convenir néanmoins, que dans le principe, ces formes inusitées pourraient sembler étranges et blesser même des esprits sages.

Cependant, l'institution de la justice de paix, quel autre but a-t-elle, que de prévenir les moyens extrêmes auxquels pourraient avoir recours les citoyens, pour la défense de leurs propriétés et de leurs droits divers? Or, le cas des affaires d'honneur ne rentre-t-il pas en tout point dans cette attribution et n'en devrait-il pas être un des plus importans?

D'ailleurs, tenons-le pour certain, à mesure que la loi prend plus d'empire chez un peuple, qu'elle fait moins de distinction, qu'elle nivelle plus d'individus, ses ministres, les hommes chargés de la faire observer, quelque grade qu'ils aient dans la hiérarchie du pouvoir, acquièrent plus de considération. L'Angleterre, arrivée à ce degré de puissance de la loi dont chaque jour nous approche, ne connaît point nos frivoles délicatesses; chez elle l'emploi de constable est une espèce de talisman que respecte la sédition même, et le titre de juge de paix, chéri, vénéré, est brigué par les plus beaux noms. Pourquoi, vivant sous un gouvernement semblable, n'aurions-nous pas une semblable déférence pour ses délégués? je dis plus, nous devons l'avoir cette déférence, et tout ce qui peut tendre à nous la donner doit être recherché dans les intérêts même de la loi, car la loi et ses organes réciproquement, se prêtent de la force et de l'éclat, ce qu'on ne saurait négliger lorsqu'il s'agit de dompter les cœurs du dix-neuvième siècle.

Hé bien ! alors investi du droit de connaître en premier ressort des affaires d'honneur, bientôt le ministère du juge de paix s'élèverait dans l'opinion à l'égal de ses nouvelles prérogatives, et ses décisions acquérant une importance, une dignité qui le ferait rechercher, il pourrait devenir une récompense de plus à la disposition de l'état; sous ce seul point de vue même, ma proposition n'offre-t-elle pas des avantages? Quoi de plus désirable dans la position du siècle, que de pouvoir présenter un nouveau point de mire, aux prétentions de l'amour-propre et à l'inquiète activité des esprits, sans que le gouvernement ait aucun sacrifice à faire, et qu'il n'en résulte absolument qu'une améliora-tion dans le sort des gouvernés!

Pour atteindre pleinement notre but, pour lever le dernier obstacle qui semble devoir s'opposer à l'usage consacré de la dénonciation de l'appel, il nous reste encore à calmer la partie plaignante sur l'appréhension de la peine qu'elle pourrait encourir, dans le cas où elle serait auteur du tort ou de l'injure qui aurait donné lieu au défi. A cet effet, que l'appel ravisse à celui qui l'a fait, envers celui qui l'a reçu, tout droit de poursuite, soit pour injure, mauvais traitemens, dettes même, celles toutefois que ne garantiraient pas des contrats (1). Un appel authentique est sans contredit le plus grave dommage que l'on puisse causer à un homme, puisque d'après l'opinion encore reçue, c'est le placer entre la mort et le déshonneur, l'utilité est donc en parfait rapport avec la justice.

Mais, je le demande, combien ne serait pas puissant cet article de la loi, même comme premier moyen de répression, il mettrait la haine, la vengeance, toutes les passions à profit, si j'ose ainsi m'exprimer; c'est-à-dire, que plus un homme en nourrirait dans le cœur, que plus seraient grands ses motifs d'indignation,

---

(1) Je le sens très-bien, ce dernier article pourrait donner lieu à l'inconvénient que j'ai signalé page 54; d'ailleurs, il est à présumer que tout homme d'honneur refuserait ce bénéfice de la loi; alors que la valeur de la dette soit confisquée au profit des indigens.

sa susceptibilité, plus il prendrait de soin pour ne pas s'emporter jusqu'au défi, dans la crainte de voir changer son titre d'accusateur en celui de suppliant, et de se constituer seul coupable. Je ne sais, mais il me semble que de la sorte, l'appel devient moralement impossible.

L'injure et le défi étant deux choses bien distinctes, il est inutile de faire observer, que dans le cas où ils seraient le fait de la même partie, la rétractation de l'un n'anéantirait point l'autre, et ne ravirait pas le droit de la poursuivre; car si la loi a des motifs pour se montrer indulgente envers le crime d'appel, elle est bien loin d'en avoir pour absoudre de nulle autre faute celui qui s'en est rendu coupable.

Voilà, Messieurs, entre les divers moyens existans, ceux qui m'ont paru les plus propres à tarir les sources du mal; mais un point important que je n'ai fait qu'indiquer dans le commencement de cet écrit, et sur lequel il importe de revenir, c'est que désormais aucune amélioration inscrite dans la sphère des sociétés, si je puis m'exprimer de la sorte, n'est au-dessus des ressources européennes.

Jadis, que dans son isolement un souverain cherchât à déraciner un de ces vices, à combattre un de ces abus universels, du genre de celui que nous traitons, une vigilance sans cesse renaissante pouvait seule assurer le succès de son entreprise; car tout autour de lui se conservait le principe de ces abus ou de ces vices; c'était un héritage qu'une main diligente purge de l'ivraie, mais qui tôt ou tard en est infecté de nouveau par le germe que le moindre vent défavorable lui apporte des champs circonvoisins. Malgré la gloire et la puissance de son règne, comment en effet Louis XIV aurait-il pu déshonorer le duel, tandis que toutes les nations de l'Europe l'honoraient ? un officier qui en était coupable s'expatriait-il pour se soustraire à la peine trop rigoureuse, il faut le dire, qu'alors la loi décernait brusquement contre sa faute ; nos voisins, non moins fanatisés que nous, le considéraient comme une noble victime, et son exil se changeait en triomphe.

Tout le monde connaît la réponse outrageusement naïve de ce grand seigneur qui avait été en Angleterre, disait-il, apprendre à *penser*, par la répartie ironique et spirituelle du prince qu'elle outrageait : avec bien plus de fondement, un Français parcourant, non pas seulement l'Angleterre, mais les divers états de l'Europe, ne pouvait-il pas répondre à qui l'eût interrogé sur le motif de son voyage : « *j'ai été apprendre à mépriser les lois de votre grand monarque sur le point d'honneur!* » Or, quelles que soient la gloire et la supériorité d'un peuple et même sa présomption, peut-on espérer d'élever à ce point ses sentimens, de lui inspirer une telle confiance en ses propres idées, qu'il ait le courage de professer isolément un dédain philosophique pour un acte de force que ses souvenirs lui rendent précieux, et que vénèrent toutes les nations qui l'entourent.

Il faut donc en convenir, l'universalité est ici un des caractères les plus essentiels de la loi; à présent sans doute, non plus qu'autrefois, il ne dépend pas absolument du législateur français de l'en revêtir; mais les monarques européens unis par la plus sublime confraternité, veillent dans un conseil permanent, à la conservation des droits divins et des empires de la terre, que menacent de concert, la fureur, le crime et la folie; cette noble alliance, dont la postérité consacrera par acclamation le nom de *sainte* qu'elle s'est religieusement donné, pour s'imposer l'obligation de le mériter, dans sa sollicitude pour les hommes, ne se borne pas à réprimer le mal enfanté par les principes du siècle, elle cherche encore à réparer tous les abus, quels que soient les lieux, les temps dont ils datent, quelle que soit la source d'où ils sortent.

Oui, je l'affirmerais bien, il n'est pas un monarque de ce pacte auguste, qui n'accueillît avec joie un plan d'attaque dirigé contre la barbare coutume du duel; contre cet usage sacrilége, qui a cela de particulier et d'affligeant, que, proprement dit, il déshonore l'honneur.

Hé! comment ne l'accueillerait-il pas, le jeune héros du Nord, pour ne citer que l'un de ces fronts couronnés, ce premier citoyen de l'univers, lui dont les vertus pieuses et l'humanité brillent à ce degré, que tout l'éclat de sa puissance ne semble que l'ombre de sa gloire?

O France! ô ma douce patrie! sol fécond en héros! ta renommée de vaillance est désormais éternelle, et tu n'as que faire d'enchérir sur la gloire de tes armes; ce n'est plus qu'aux travaux de la paix, qu'aux actes de la raison et de la justice, d'agrandir ton idée parmi les nations. Hâte-toi donc, précipite tes pas dans la nouvelle carrière, marche encore en tête de ton siècle; une des plus belles palmes qui restent à cueillir au sein des sociétés modernes, ici est offerte à tes regards, c'est à toi surtout qu'il appartient d'en faire la conquête, ou du moins d'y toucher la première, toi dont si long-temps la terreur, la fuite et la mort ont accompagné les pas dans les champs de la guerre; appelle, convoque l'Europe à la réforme, et qu'à l'aspect de tes nobles efforts, tes plus mortels ennemis soient contraints de s'écrier : vive la France! autant elle a de valeur, autant elle a d'humanité.

Maintenant, Messieurs, que je suis au terme de la tâche que je me suis librement imposée, viendrai-je, en suppliant, vous prier d'excuser ma témérité ? non Messieurs, non; quelle que soit ma juste défiance de moi-même, toujours je me pardonnerai, je me féliciterai même, d'avoir entrepris de plaider une aussi belle cause, sous d'aussi beaux auspices, et s'il le faut, je me consolerai de votre légitime censure, en songeant que le talent n'est point le partage nécessaire d'un cœur passionné pour le bien et rempli d'amour pour les hommes.

FIN.

www.ingramcontent.com/pod-product-compliance
Ingram Content Group UK Ltd.
Pitfield, Milton Keynes, MK11 3LW, UK
UKHW020323220726
13923UKWH00003B/1331